【京都 東本願寺】

大原千鶴のお斎(とき)レシピ

素材をたのしむ精進料理

はじめに

2016年11月。

生まれて初めて真宗本廟（東本願寺）で勤まる報恩講にお邪魔し、「お斎」のお振舞いを受けました。

行儀よく正座した門徒さんの前に美しい朱色の輪島塗のお膳がずらりと並びます。

配膳される方の姿も美しく、盛り付けもお味も、

一つ一つがとても行き届いた素晴らしい食事でした。

食前には「み光のもと　われ今さいわいに　この浄き食をうく　いただきます」

そして食後には

「われ今　この浄き食を終りて　心ゆたかに力身にみつ　ごちそうさま」と

皆で唱和するのです。

この言葉の中には食の本質が全て詰まっていると言えます。

飽食の時代、世界中の美食を味わえますが、

こんなに美しい食事は久しぶりだと感じました。

翌年4月、ご縁をいただき東本願寺出版様より『お斎レシピ』を上梓しました。

報恩講のお膳には到底及びませんが、

自分なりに想いを込めて作らせていただいた本でした。

好評をいただき、

多くの方がお手に取って下さったこと本当に嬉しく感謝申し上げます。

ありがとうございました。

＊報恩講…親鸞聖人のご命日を縁とした法要。
＊お斎…報恩講などの仏事の際にいただく食事。

あれから3年。

今回はもっと簡単でもっと作りやすいものを目指しました。

シンプルな料理法でありながら、しっかりした味わいで

普段のお食事でも十分満足していただけるものばかりと

自負しております。

また、主菜、副菜、味のイメージも

わかりやすくレイアウトしましたから

献立作りにも迷わずお役に立てると思います。

撮影期間中、ずっと作った精進料理をいただくのですが、

なんでしょう、

なんだか体が軽く美しくなった気がしました。

精進っていいものですね。

昨今は皆が集まりにくい状況もあり、また環境負荷の観点からも、

ときにはこんなお斎レシピで

心も体も美しく、食べること、生きること、

そして地球までも慈しんでいただけたら幸いです。

心を込めて

大原千鶴　拝

もくじ

「だし」について

本書で使う「だし」は、昆布、しいたけからとった「精進だし」です（一部、切干大根などの戻し汁も使用）。それぞれ水に3時間以上、できればひと晩つけておくだけのシンプルなものです。昆布だしはとても濃いため、基本的に水で倍に希釈して使用しています。冷水ポットなどに作りおけば、冷蔵庫で保存することもできます。

つけおいた昆布はどんどんぬめりが出てくるので、ひと晩つけたらお好みで取り出してください。取り出した昆布やしいたけは、捨てずに刻んで砂糖としょうゆなどで炊くと美味しく無駄なくいただけます。

昆布だし
水1リットルに対し、昆布（利尻昆布）25gをつけおく。

しいたけだし
水500ccに対し、干ししいたけ（どんこしいたけ）5枚（約25g）をつけおく。

＊昆布、干ししいたけはお好みのものでかまいません。

冷蔵庫で
保存できます

しいたけだし
夏場で約1週間、
冬場なら約2週間

昆布だし
夏場で約2日、
冬場なら約3日

本書で使用している調味料は、スーパーで手軽に手に入るものです。特別な調味料を使うと、お料理のカンが狂ってしまうこともあるので、ぜひご家庭にある使い慣れたものをお使いください。

また、日々の食事では精進だしにこだわらないという方や、食卓の一品に加えたい時などは、かつおなどの動物性のものを使用していただいてかまいません。臨機応変に、お好みの味にアレンジして本書をお楽しみください。

本書の使い方

＊材料は基本的に2人分で表示していますが、料理によって作りやすい分量になっています。必要人数分に応じて加減してください。

＊野菜や豆腐など大きさに差異が生じやすいものは、目安としてg数も併記しています。

＊「適量」としているものは、お好みにて調整してください。あしらいについては、材料に明記していないものもあります。

＊粉唐辛子は辛みの少ない韓国産のものを使用しています。香辛料はお好みで加減してください。

＊お好みソース、トマトソース、ケチャップはいずれも市販のもので、魚介エキス等動物性の材料が入っていないものを使用しています。

＊電子レンジは600Wで加熱しています。機種により加熱時間を調整してください。

＊太白ごま油は、サラダ油や米油など香りのない油に変更してもかまいません。

＊大さじ1は15cc、小さじ1は5cc、ひとつまみは小さじ1／8です。

使用食材。
食材から料理
を考えるのに
便利です。

献立を構成する「主菜」「副菜」「主食」「汁物」「デザート」を明記しています。

味つけや色みの目安となるアイコン。異なるものを組み合わせると献立に変化が出ます。

 熟 旨みのある、しっかりとした味つけの料理

爽 あっさり、さっぱりとした味つけの料理

彩 見た目に華やかな、彩りのある料理

献立を
組み立てる際の
参考にして
ください

第1章

野菜

- ・大根
- ・白菜
- ・なす
- ・きゅうり
- ・れんこん
- ・にんじん
- ・ごぼう
- ・キャベツ
- ・かぼちゃ

ふろふき大根

熟

【材料】4人分

・大根　600g

Ⓐ
- ・昆布だし、水　各200cc
- ・しいたけだし　大さじ2
- ・酒　大さじ1
- ・塩　小さじ1/2

・実山椒(下処理したもの、あるいは水煮)　大さじ1/2(5g)

Ⓑ
- ・白みそ　150g
- ・みりん、すりごま　各大さじ2
- ・砂糖　大さじ1

・黒ごま　適宜

1 大根は5cm幅の輪切りにしたら皮をむいて面取りし、片面（下になるほう）に十文字の切り込みを入れる。鍋にひたひたの米のとぎ汁（なければ水）とともに入れ、蓋を斜めにかけて中火にかける。竹串がスッととおるまで茹でたらザルにあげてサッと洗い、水気をきっておく。

2 鍋に1の大根とⒶを入れて中火にかける。沸いたらアクをとって火を少し弱め、蓋を斜めにかけてコトコトと20分ほど炊いたら火を止める。

3 実山椒を荒く刻み、Ⓑとともに耐熱容器に入れて混ぜる。ラップをして電子レンジで1分加熱し、よく混ぜる。
＊みそが固いようであれば、2の煮汁少々を加えて好みの柔らかさにのばす。

4 器に2の大根を煮汁ごと盛り、3のみそを塗り、お好みで黒ごまをふる。

ひとこと
ふろふき大根は精進の代表格。大根を下茹でしてふんわりと味をつけて炊いておくことが大切です。

【 材 料 】2〜3人分

・大根　200g

A
・昆布だし、水　各100cc
・しいたけだし　大さじ1

・薄口しょうゆ　大さじ1

衣
・小麦粉　大さじ3
・水　大さじ4

・サラダ油　適量
・木の芽　適宜

大根のてんぷら 熟

1 大根は皮をむいて 1.5cm 幅の半月切りにし、鍋に**A**とともに入れて中火にかける。沸いたらアクをとって薄口しょうゆを加え、火を少し弱め、蓋を斜めにかけてコトコトと 10 分ほど炊く。大根に味が染みるまで炊いたら火を止め、そのまま冷ます。

2 大根をキッチンペーパーにとって汁気をふき、小麦粉（分量外）をまぶしつけ、溶いた衣にくぐらせ170 度のサラダ油でカリッと揚げる。器に盛り、あれば木の芽をあしらう。

ひとこと　ちょっと珍しい大根のてんぷら。揚げるとコクが出てより美味しくなります。煮物が残った時にも使える裏技です。

大根ナムル

彩

【材料】2〜3人分

- ・大根　200g
- ・しいたけ　1〜2枚
- ・大根の葉　適宜
- ・ごま油　大さじ1
- ・粉唐辛子、粗挽き黒こしょう　各適宜

Ⓐ
- ・塩　ひとつまみ
- ・薄口しょうゆ　少々

1 大根は皮をむいて短冊切りにする。しいたけは薄くスライスし、大根の葉があれば斜め薄切りにしておく。

2 フライパンにごま油を入れて中火にかけ、大根を入れて炒める。しんなりとしたらしいたけと大根の葉を入れてサッと炒め、Ⓐで味を調える。器に盛り、お好みで粉唐辛子と粗挽き黒こしょうをふる。

【材料】2人分

- ・大根　180g
- ・油揚げ　40g
- ・米　1合
- ・昆布だし、水　各90cc

Ⓐ
- ・薄口しょうゆ　小さじ2
- ・塩　ふたつまみ

大根ごはん

熟

1 大根は皮をむいて細切りに、油揚げは細切りにする。

2 炊飯器に洗った米、昆布だしと水（炊飯器の目盛りより控えめに）、Ⓐを順に入れてひと混ぜし、上に1をのせて普通に炊く。茶碗にごはんをよそい、お好みで大根葉の塩炒り*をのせ、大根の皮のしょうゆ漬け*を添える。

＊大根葉の塩炒りの作り方
フライパンにごま油（大さじ1/2）を入れて中火にかけ、小口切りにした大根の葉（80g）を炒め、塩ふたつまみで味を調え、白ごま（小さじ1）を加えて混ぜる。

＊大根の皮のしょうゆ漬けの作り方
大根の皮（50g）を3cm角に切り（大きさはお好みで）、保存容器に入れ、米酢と濃口しょうゆ（各大さじ1/2）をかけて冷蔵庫で1時間以上おく。お好みで輪切り唐辛子を加える。

白菜と揚げの雑煮仕立て 熟

【材料】2～3人分

・白菜　1/4玉(正味300g)
・白ねぎ　1本(100g)
・油揚げ　60g
・餅　2～3個(60～90g)
・太白ごま油　大さじ1

Ⓐ
・昆布だし、水　各200cc
・しいたけだし　大さじ2

Ⓑ
・薄口しょうゆ　大さじ1
・塩　ふたつまみ

・柚子こしょう、黄柚子の皮、細ねぎの小口切り
　　各適宜

1 白菜は3cm幅に切り、白ねぎは1cm幅に斜め切りにする。油揚げは短冊切りにする。

2 鍋に太白ごま油を入れて中火にかけ、1の具材をすべて入れてザッと炒めたらⒶを入れる。沸いたらアクをとり、蓋を斜めにかけて煮る。野菜が柔らかく煮えてきたら蓋を外し、餅とⒷを入れる。3分ほど煮たら火を止めて蓋をし、余熱で餅の中までふっくらと火をとおす。器によそい、お好みで柚子こしょう、黄柚子の皮、細ねぎをのせる。

ひとこと　白菜の甘みが出てとっても美味しい汁物です。お餅がふんわりと全体をまとめて、これ一杯で幸せな気持ちになれます。

白菜と湯葉とザーサイのあんかけ

【材料】2人分

・白菜 1/8玉(正味150g)
・引き上げ湯葉 50g
・ザーサイ(市販品) 15g
Ⓐ
 ・昆布だし、水 各50cc
 ・しいたけだし 大さじ1

・薄口しょうゆ 小さじ1
Ⓑ
 ・片栗粉 小さじ1/2
 ・しいたけだし 大さじ1/2
・クコの実、ラー油 各適宜

1 白菜は軸と葉の部分に切り分け、軸は5mm幅の斜め細切りに、葉はザク切りにする。湯葉は短冊に切る。

2 鍋に1の白菜の軸とⒶを入れて中火にかけ、沸いたらアクをとり、蓋をして煮る。軸が柔らかく煮えたら白菜の葉と湯葉、ザーサイを入れ、薄口しょうゆを加えてコトコトと2〜3分炊き、混ぜ溶いたⒷを加えてとろみをつける。器に盛り、お好みでクコの実をのせ、ラー油をかける。

ひとこと ザーサイを加えてちょっと目先を変えたあんかけ。ザーサイがなければ、高菜やすぐきなどのお漬物でも美味しくできます。

焼き白菜の アボカドソース 彩

[材 料] 2人分

・白菜(軸の柔らかい部分)　1/4玉(正味300g)
・アボカド　1個
Ⓐ
　・玉ねぎのみじん切り　10g
　・塩　ふたつまみ
　・レモン果汁　少々

・サラダ油　適量
・片栗粉　適量
・粗挽き黒こしょう　少々

1　白菜は半分のくし形に切る。

2　アボカドソースを作る。種をとって皮をむいたアボカドをボウルに入れ、フォークの背でつぶし、Ⓐを入れて混ぜる。

3　フライパンにサラダ油を多めに入れて中火にかけて熱し、白菜の切り口全体に薄く片栗粉をつけて入れ、蓋をして揚げ焼きにする。葉の部分が焦げやすいので、多めの油と低い温度でじっくりと揚げる。軸の部分が箸でさわってしんなりと柔らかくなってきたら、焼きあがり。器に盛り、アボカドソースを添え、粗挽き黒こしょうをふる。

ひとこと　アボカドはコクがあって色もきれいで栄養もある優秀な野菜。
ソースは変色しやすいので、早めに食べてください。

【材料】2人分

・あたたかいごはん
　　2膳分（約1合）
・白菜の軸　40〜50g
A　・塩　小さじ1/2
　　・ごま油、青のり
　　　各小さじ2
・白ごま　適量
・白菜の葉の千切り　適宜

白菜混ぜごはん

1 白菜の軸は 3mm 角に切る。

2 ボウルにあたたかいごはんと
1、Aを入れて混ぜる。茶碗
によそって白ごまをふり、あ
れば白菜の葉の千切りをあし
らう。

【材料】2人分

・白菜　1/8玉（正味150g）
・塩　小さじ1　　・ごま油　大さじ1
甘酢
　・米酢　大さじ1
　・砂糖　大さじ1/2
　・塩　ふたつまみ
・輪切り唐辛子　適宜

ラーパーツァイ

1 白菜は 7mm 幅に切ってボウルに
入れ、塩をまぶしてしばらくおき、
出てきた水気を絞る。

2 あわせておいた甘酢と 1 をボウル
に入れて混ぜる。さらに耐熱容器
に入れて電子レンジで 1 分加熱し
たごま油を加えて混ぜあわせる。
お好みで輪切り唐辛子を加える。

なす

【材料】2人分

・なす(小)　3本(200g)
・ごま油　大さじ1

Ⓐ
・昆布だし　100cc
・砂糖　大さじ1/2
・薄口しょうゆ　小さじ1

・みそ　大さじ1
・すりごま　大さじ1

主菜

なすのみそ煮

1 なすはガクを落として縦半分に切り、皮側に包丁で細かく切り込みを入れ、水に5分さらして水気をふく。

2 フライパンにごま油を入れて中火にかけ、なすを皮側から入れ、蓋をして焼く。片面が焼けたら上下を返し、Ⓐを入れて様子をみながら2〜3分ほど弱火で煮る。なすがしんなりとしたら、煮汁を少し取り出してみそを溶きのばし、フライパンに戻し入れてさらに2分ほど煮て味を含ませ、火を止める。器に盛りつけ、すりごまをたっぷりふる。

ひとこと 大原家の夏の大定番。なすが十分しんなりするまで煮ることがコツです。

【材料】2人分

・なす(小)　3本(200g)
・ごま油　大さじ1
・濃口しょうゆ　小さじ2
・おろし生姜、青ねぎの小口切り　各適量

1　なすはガクを落としてピーラーで縞目に皮をむき、縦半分に切って水に5分さらして水気をふく。

2　フライパンにごま油を入れて中火にかけ、1のなすを皮側から入れ、蓋をして焼く。片面が焼けたら上下を返す。なすがしんなりと焼けたら、濃口しょうゆを加えて全体にからめる。器に盛りつけ、おろし生姜と青ねぎをのせる。

主菜

なすの生姜じょうゆ焼き

ひとこと　お行儀悪いですが、食べる時はなすをぐちゃぐちゃにつぶして食べるとなお美味しいです。

なす

副菜

即席辛子漬け 爽

【 材 料 】2人分

・なす(小)　1本(70g)

・塩　小さじ1/2

Ⓐ
・砂糖　小さじ1
・みりん　小さじ1

Ⓑ
・白みそ　大さじ1
・溶き辛子(粉辛子を水少々で溶いたもの)
　　小さじ1/4

・白ごま　少々

1 なすはガクを落として縦半分に切り、5mm 幅の薄切りにする。塩を
　ふって手でやさしく揉んで馴染ませ、水に 5 分さらして水気を絞る。

2 Ⓐをあわせて砂糖を溶かし、Ⓑを加えて混ぜ、1 のなすと和える。器
　に盛り、白ごまをふる。

【材料】4人分

・なす(小)　2本(140g)

Ⓐ ・白みそ　50g
　・赤みそ　5g

Ⓑ ・昆布だし、水　各150cc
　・しいたけだし　大さじ2

・生麩(写真はごま麩)　60g
・溶き辛子
　(粉辛子を水少々で溶いたもの)
　　少々

1 なすはコンロにそのままのせて直火で焼く。皮全体が真っ黒に焦げて
　柔らかくなってきたらバットに取り出し、あたたかいうちになるべく
　水につけずに皮をむき、ガクを落として半分に切る。

2 生麩は食べやすい大きさに切る。

3 ボウルにⒶを入れ、あわせておいたⒷを少しずつ加えて泡立て器で溶
　きのばし、ざるでこしながら鍋に入れる。弱めの中火にかけ、沸いた
　ら火を弱める。汁がトロッとするまで煮立てないくらいの火加減で3
　分ほど煮たら、2を入れてさらに1分ほど煮て、生麩があたたまった
　ら火を止める。

4 なすをお椀に入れ、3を加え、溶き辛子を添える。

きゅうりと納豆の餃子 爽

【材料】2人分・餃子15個分

- 餃子の皮　15枚
- きゅうり　1本(100g)
- 塩　小さじ1/6
- 納豆　1パック
- 青じそ　5枚
- 濃口しょうゆ　小さじ1
- ごま油　大さじ2

梅ソース
- 昆布だし　小さじ2
- 練り梅(市販品)　小さじ2

1 きゅうりはスライサーで薄切りにし、塩をふって5分おき、水気をしっかりと絞る。青じそはザク切りにし、納豆は包丁で叩いて刻んでおく。

2 ボウルに1と濃口しょうゆを入れてよく混ぜ、餃子の皮で包む。

3 フライパンにごま油（大さじ1）を入れて中火にかけ、2の餃子を並べ入れて焼く。焼き色がついてきたら水大さじ2（分量外）を入れて蓋をし、2〜3分蒸し焼きにする。水気がほとんどなくなったら蓋を外し、残った水分を飛ばす。ごま油（大さじ1）を回し入れ、全体がカリッとしたら蓋をして油をきり、皿に盛る。あわせておいた梅ソースをつけていただく。

ひとこと

納豆のとろみがふんわりときゅうりをまとめてくれます。梅ソース以外にも辛子じょうゆもおすすめです。

やみつき きゅうり

副菜

【 材 料 】2人分

・きゅうり　2本(200g)
・塩　小さじ1/2
・塩昆布　10g
・ごま油　大さじ1
・粉唐辛子　適量

1 きゅうりはピーラーで縞目に皮をむき、すりこぎで叩いて手で食べやすく割る。塩で揉んで5分おいて水気を絞る。

2 ボウルに1のきゅうりと塩昆布を入れて手でよく揉んで馴染ませ、ごま油と粉唐辛子を加えて混ぜあわせる。

きゅうりの 浅漬け

副菜

【 材 料 】作りやすい分量

・きゅうり　3本(300g)
・青じそ　3枚
・生姜の薄切り　3枚(30g)

Ⓐ
・昆布だし　100cc
・薄口しょうゆ　大さじ1/2
・砂糖、塩　各小さじ1
・米酢　大さじ1と1/2

1 きゅうりは7mm幅の斜め切り、青じそは粗い千切りにする。

2 1のきゅうりと青じそ、生姜、混ぜておいたⒶを食品保存袋に入れ、手で軽く揉む。少ししんなりしたら保存袋の空気を抜き、袋の口を閉じて冷蔵庫でひと晩おく。

きゅうりとお揚げさんの炊いたん

【材料】2人分

・きゅうり　2本(200g)
・油揚げ　1/2枚(100g)

Ⓐ
・昆布だし、水　各100cc
・しいたけだし　大さじ1

・薄口しょうゆ　大さじ1
・生姜の千切り　少々

1 きゅうりはピーラーで皮をむいて縦半分に切り、4等分の長さに切る。油揚げは短冊に切る。

2 鍋にきゅうりとⒶを入れて中火にかける。沸いたらアクをとり、薄口しょうゆと油揚げを入れて蓋をし、弱火でコトコトと5分煮てそのまま冷ます。器に盛り、生姜の千切りを添える。

ひとこと
きゅうりは煮ても美味しい食材。
ちょっと青い味の冬瓜のようです。
冷やしても美味しい夏の煮物です。

【材料】2人分

・れんこん　100g

A
・とうもろこしの実　50g
（1本につき電子レンジで約3分加熱し、包丁で実を切り落としたもの）
・玉ねぎのみじん切り　30g
・片栗粉　大さじ1
・塩　ふたつまみ

・えんどう豆　適量

あん
・昆布だし、水　各100cc
・しいたけだし　大さじ1
・薄口しょうゆ、片栗粉　各小さじ2

・サラダ油　適量

れんこんまんじゅうのとろみあん 熟

1 れんこんはピーラーで皮をむいてからすりおろし、Ⓐを入れてよく混ぜる。

2 小鍋にあんの材料を入れて、ヘラで混ぜながら中火にかけてとろみをつける。

3 揚げ鍋にサラダ油を入れて170度に熱し、薄皮に爪で軽く傷をつけておいたえんどう豆を入れてサッと素揚げする。

4 続けて1を適当な大きさに落とし入れて揚げる。器に盛り、2のあんをかけ、3のえんどう豆をのせる。

ひとこと れんこんはすりおろすとモチモチとしてとても美味しい野菜。入れる具材はたけのこ、さつまいもなどお好みでアレンジしてください。

[材 料] 2人分

- れんこん　100g
- ししとう　6本
- ごま油　大さじ1/2

Ⓐ
- みりん　大さじ1
- 薄口しょうゆ　大さじ1/2
- 粉山椒　適宜

1　れんこんは皮つきのままひと口大の乱切りにする。ししとうは
　　ヘタを落とし、竹串で数か所刺しておく。

2　フライパンにごま油を入れて中火にかけ、1のれんこんを入れ
　　て蓋をして焼く。時々様子を見て、全体がこんがりと焼けたら
　　ししとうも入れて炒める。野菜に火がとおったらⒶを入れ、汁
　　気がほぼなくなるまで炒める。器に盛りお好みで粉山椒をふる。

ひとこと
皮はむいてもむかなくても。焼き
目をしっかりつけたほうが美味し
そうに仕上がります。

主菜

れんこんと
ししとうの照り焼き

28

副菜

れんこんのサブジ 彩

【材料】2人分

・れんこん　150g
・トマト　1/2個(100g)
・さやいんげん　6本(30g)
・玉ねぎのみじん切り　30g
・生姜のみじん切り　5g
・オリーブオイル　大さじ1
・カレー粉　小さじ1

A
・塩　小さじ1/2
・しいたけだし　大さじ1

・粗挽きこしょう　少々

1 れんこんは皮をむいて薄切りに、トマトは1cm角に切る。さやいんげんはガクを落として3cmの長さに切る。

2 フライパンにオリーブオイルを入れて中火にかけ、玉ねぎと生姜を入れて弱火で炒める。玉ねぎに透明感が出て水分が出てきたら、トマトとカレー粉を加えて炒め、れんこんとさやいんげん、Aを加え、蓋をして時々混ぜながら蒸し焼きにする。野菜に火がとおったら粗挽きこしょうを加える。

れんこん餅 爽

【材料】作りやすい分量・約15個分

A
・わらび粉(れんこんでん粉)　90g
・きび砂糖　100g
・砂糖　70g
・水　500cc

B
・きな粉　大さじ1
・砂糖　小さじ1/4
・塩　少々

1 ボウルにAを入れてよく混ぜる。ザルでこしながら鍋に入れ、ヘラで混ぜながら中火にかける。たえずヘラで練り、ぷりんぷりんの状態になったら火を止める。

2 水でサッと濡らした型に1を入れ、表面を平らにして水につけて冷やす。食べやすい大きさにスプーンで取り分けて器に盛り、あわせておいたBを適量かけていただく。

れんこんから作られた
わらび粉を使った
デザート

29

にんじんと干ししいたけの炊いたん

材料 2人分

- にんじん　1本(150g)
- 戻した干ししいたけ　3枚
- 濃口しょうゆ　大さじ1
- 茹でた絹さや　適量
- Ⓐ
  - 昆布だし、水　各100cc
  - しいたけだし、酒、砂糖　各大さじ1

1 にんじんはピーラーで皮をむいて大きめの乱切りにする。しいたけは石づきを落として、大きければ半分に切る。

2 鍋に1とⒶを入れて中火にかけ、沸いたらアクをとり、火を少し弱めて煮る。竹串がスッととおるまでにんじんが煮えたら、濃口しょうゆを加えて汁気がほぼなくなるまで煮詰める。器に盛り、彩りに絹さやを添える。

> ひとこと 干ししいたけはあれば、どんこしいたけを。冷蔵庫でゆっくり戻して作るとアワビのような食感に仕上がりますよ。

にんじんごはん・豆腐ソース

材料 2人分

- にんじん　2/3本(100g)
- 米　1合　　・水　180cc
- Ⓐ
  - 塩、オリーブオイル　各小さじ1/2
- 絹ごし豆腐　1/2丁(200g)
- Ⓑ
  - 砂糖、練りごま　各小さじ1
  - 塩　ひとつまみ
- 黒ごま　適宜

1 にんじんをすりおろす（皮はむいてもそのままでもお好みで）。

2 炊飯器に洗った米、水（炊飯器の目盛りより控えめに）、Ⓐを順に入れ、1のにんじんを加えてひと混ぜし、普通に炊く。

3 豆腐はキッチンペーパーで包み、重石（おもし）をして半分くらいの高さになるまで水気をきっておく。Ⓑとともにフードプロセッサーにかけ（なければ泡立て器で可）なめらかにする。

4 2をお茶碗によそい、3の豆腐ソースをかけ、あれば黒ごまをふる。

> ひとこと 面倒なら豆腐ソースはなくても大丈夫。オイルを入れるとコクが出てカロテンの吸収も良くなり一石二鳥です。

【材 料】作りやすい分量

・にんじん　1/2本(70g)
・梅干し
　（塩分10%程度のもの）
　　　　1個(正味6g)
・ポン酢　小さじ1
・焼き海苔　1/4枚

副菜
にんじんの梅和え

彩

1　にんじんはピーラーで皮をむき、スライサーで千切りにする。

2　ボウルににんじんを入れ、手でちぎった梅干しの実、ポン酢を加えてよく混ぜる。器に盛り、手でちぎった海苔をのせる。

【材 料】作りやすい分量

・にんじん　1本(150g)
・ごま油　大さじ1
・薄口しょうゆ　小さじ2
・白ごま　適量

副菜
にんじん炒め

彩

1　にんじんはピーラーで皮をむき、スライサーで細切りにする。

2　フライパンにごま油を入れて中火にかけ、にんじんを入れて炒める。しんなりしたら薄口しょうゆで味を調える。器に盛り、白ごまをたっぷりふる。

ごぼう

主菜

甘辛揚げごぼう 〜大豆ミートとともに〜

> **ひとこと** ごぼうと大豆ミートはあたたかいうちにタレをからめると味のしみ込みが良くなります。にんじん、れんこん、さつまいも、かぶなども好相性です。

［材料］2人分

- ・ごぼう　1本（80g）
- ・大豆ミート（P60参照）　2個
- ・そら豆　6〜8粒
- ・片栗粉　適量
- ・サラダ油　適量

Ⓐ｜・塩、粗挽きこしょう　各少々

- ・米酢、薄口しょうゆ　各大さじ2

Ⓑ｜・砂糖　大さじ1と1/2

- ・ごま油　少々

1 ごぼうは斜め薄切りにして水にさらし、ザルにあげて水気をきり、キッチンペーパーにとってしっかり水気をふく。大豆ミートは4等分（4cm角程度）に切り、Ⓐをふる。

2 揚げ鍋にサラダ油を入れて170度に熱し、薄皮に爪で軽く傷をつけておいたそら豆を入れ、サッと素揚げする。

3 続けて1のごぼう、大豆ミートに片栗粉をまぶしてカラッと揚げる。

4 ボウルにⒷを混ぜあわせ、ごぼうと大豆ミートがあたたかいうちに入れてからめる。器に盛り、2のそら豆も盛りあわせる。

みそきんぴら 熟

【材料】2人分

・ごぼう　1本(80g)
・ピーマンの細切り(写真は緑と赤を使用)　1個分(30g)
・ごま油　大さじ1
Ⓐ ・みりん　大さじ2
　 ・みそ、砂糖　各大さじ1

1 ごぼうはピーラーでささがきにし、水にさらしてザルにあげ、水
　気をきっておく。

2 フライパンにごま油を入れて中火にかけ、1のごぼうを入れて炒
　める。ごぼうがしんなりとしてきたらピーマンを入れて炒め、炒
　まったらⒶを加え、火を弱めて時々混ぜながらほぼ煮汁がなくな
　るまで煮詰める。

ひとこと
みそが溶けにくいので、調味料は先に
混ぜておいたものを加えてください。

【 材 料 】2人分

・ごぼう　1本(80g)
・玉ねぎ、セロリ、にんじん、まいたけ　各30g
・ごま油　小さじ1
Ⓐ ・昆布だし　400cc
・しいたけだし　大さじ1

Ⓑ ・薄口しょうゆ
　　小さじ1
・塩　ふたつまみ
・粗挽き黒こしょう　少々
・にんじん葉　適宜

汁物

ごぼうスープ 熟

1 ごぼう、玉ねぎ、セロリ、にんじんはそれぞれ1cm角程度の大きさに切る。まいたけは1cm幅に切る。

2 鍋にごま油を入れて中火にかけ、まいたけ以外の野菜を入れてサッと炒め、Ⓐを入れて煮る。沸いたらアクをとり、野菜が煮えたらまいたけも入れてⒷで味を調える。器に盛り、粗挽き黒こしょうをふって、あればにんじん葉をあしらう。

ひとこと 滋味溢れる根菜スープです。きのこは最後に入れて食感を残します。

主菜

キャベツのパン粉焼き 熟

【 材 料 】2人分

- キャベツ　1/4玉(300g)
- 大徳寺納豆(豆鼓でも可)　小さじ1/2
- Ⓐ
  - 小麦粉　40g
  - 水　80g
- パン粉　適量
- オリーブオイル　大さじ2〜3
- レモンのくし形切り　適量

ひとこと　パン粉は断面だけに。蓋をしてじっくり蒸し焼きにするとキャベツの甘みが引き立ちます。ナイフとフォークでどうぞ。

1　キャベツは半分（くし形）に切る。大徳寺納豆は粗みじんにしておく。

2　1のキャベツの断面によく混ぜたⒶ、パン粉の順につけ、オリーブオイルを熱したフライパンで蓋をして弱火で焼く。途中上下を返し、両面がこんがりと焼けてキャベツに火がとおったら（約10分）揚げ網にとり出して軽く塩（分量外）をふる。フライパンに残った油に1の大徳寺納豆を入れて軽く炒る。

3　キャベツを器に盛り、大徳寺納豆を汁ごとかけ、レモンを添える。

ザワークラウト 爽

【材料】作りやすい分量

・キャベツ　1/4玉(300g)
・塩　6g(野菜の重さの2％)
・実山椒(下処理したもの)　小さじ1

1 キャベツは太めの千切りにする。ボウルに塩とともに入れて手でよく揉んでしんなりさせ、実山椒を混ぜる。

2 消毒した保存容器にぎゅうぎゅうに1を詰めてラップをし、重石(約300g)をして常温で半日〜1日おく。

3 水が上がったら重石をとり、蓋をして常温で夏場は2日、冬場は5〜6日おいて発酵させる。色が変わって酸味が出たら完成。冷蔵庫の野菜室で約2か月保存できる。

【材料】2〜3人分

・キャベツ　1/4玉(300g)
・絹厚揚げ　2個(300g)
・片栗粉　適量
・ごま油　大さじ2〜3

辛みそだれ
・みそ、砂糖、みりん　各大さじ1
・豆板醤、ごま油　各小さじ1

茹でキャベツと焼き厚揚げの辛みそだれ 熟

1 キャベツはザク切りにして茹で、ザルにあげて水気をきっておく。

2 厚揚げは1cm幅に切って片栗粉を薄くまぶしつけ、ごま油を熱したフライパンで両面をこんがりと焼く。器に1のキャベツを盛り、厚揚げをのせ、あわせておいた辛みそだれをかける。

主菜

大豆ミートのシュークルト
～ザワークラウトを使って～ 熟

【 材 料 】2人分

・大豆ミート（P60参照）　2個
　　Ⓐ
　・しいたけだし　大さじ1
　・オリーブオイル　大さじ1/2
　・砂糖　小さじ1/2
　・塩　小さじ1/6
　・こしょう、クミンパウダー　各少々
・じゃがいも（男爵）　1個（150g）

・昆布だし　100cc
・ザワークラウト　70g
　（P37参照）
・太白ごま油　大さじ1
・片栗粉　適量
・粒マスタード　適宜

1 大豆ミートは6等分の拍子切りにし、食品保存袋にⒶとともに入れる。袋の上から手で揉んで馴染ませ、10分以上おいて下味をつける。

2 じゃがいもは皮をむいて3cm角に切り、小鍋に昆布だしとともに入れて中火にかけ、蓋をして煮る。じゃがいもがほっくりと柔らかく煮えたら蓋を外し、ザワークラウトを入れて混ぜる。味をみて足りないようであれば、塩と粗挽きこしょう各少々（分量外）で味を調え、仕上げに太白ごま油少々（分量外）を入れて混ぜておく。

3 フライパンに太白ごま油を入れて中火にかけ、片栗粉をまぶした大豆ミートを入れて焼く。時々上下を返し、こんがりと焼けたら2とともに器に盛り、お好みで粒マスタードを添える。

精進お好み焼き 熟

【材料】2人分

・キャベツ　1/6玉(200g)
・油揚げ　30g

A
・昆布だし　150cc
・しいたけだし　大さじ1
・長芋のすりおろし　15g
・塩　ひとつまみ

・小麦粉　80g

B
・青ねぎの小口切り　10g
・天かす(揚げ玉)　大さじ2

・ごま油　大さじ2
・お好みソース(市販品)、
　　青のり、紅生姜の千切り　各適量

1　キャベツは細切りにする。油揚げは1cm角に切る。

2　ボウルに**A**を入れて混ぜ、小麦粉を加えて泡立て器でよく混ぜたら、1のキャベツと油揚げ、**B**を加えて混ぜる。

3　ごま油を入れて強火にかけたフライパンに、2を半量ずつのせ、蓋をして3分ほど焼く。蓋を取って裏返し、蓋なしでさらに3分焼いて完成。お好みソースをかけて青のりをふり、紅生姜をのせる。

ひとこと　天かすやソースは動物性のものが入っている場合があるので注意してください。

かぼちゃごはん ～種とわたの唐揚げのせ～

彩

> ひとこと
>
> かぼちゃの種は若いとすぐ揚がります。食べてみて硬そうならなしでも。炊飯器で普通に炊いても良いです。

【材料】2人分

・かぼちゃ　1/8個（200g）　　　・米　1合

A｜・片栗粉　大さじ1程度　　　B｜・水　200cc
　｜・太白ごま油　少々　　　　　｜・塩　小さじ1/2

・サラダ油　適量

1　かぼちゃは種とわたを外してよけておき、実を2cm幅に切る。

2　1のかぼちゃの種とわたをボウルに入れ、Aを加えてよく混ぜ、160度に熱したサラダ油に平たく落とし入れて、様子を見ながら20分ほど低温でじっくりと揚げる。最後に180度の温度でカリッと揚げ、塩少々（分量外）をふっておく。

3　鍋に洗った米とBを入れてひと混ぜし、かぼちゃの実を上にのせて中火にかける。沸いたら鍋底を箸でこすり、蓋をして10分炊く。火を止め、10分蒸らす。食べる時によく混ぜ、茶碗によそい、種とわたの唐揚げをのせる。

【 材 料 】6個分

かぼちゃ きんとん

・かぼちゃ
　1/8個（200g）
・はちみつ　大さじ1

1 かぼちゃは種とわたを除きサッと水で濡らして耐熱容器に入れてラップをし、電子レンジで3分ほど加熱する。

2 あたたかいうちにスプーンで実をくりぬいて皮から外し（皮は少量とっておく）、マッシャーでつぶして、はちみつを加えてよく混ぜる。ラップに6等分してのせ、丸く絞って形を整える。ラップを外し、1cm角くらいに切ったかぼちゃの皮をのせる。

【 材 料 】2人分

かぼちゃの 甘辛煮

・かぼちゃ
　1/8個（200g）
・米油　小さじ1
Ⓐ
　・昆布だし、水
　　各50cc
　・砂糖　大さじ1
・濃口しょうゆ
　大さじ1/2
・茹でたさやいんげん、
　生姜の千切り　各適量

1 かぼちゃは種とわたを除き大きめのひと口大に切る。

2 鍋に米油を入れて中火にかけ、1のかぼちゃを入れてサッと炒めたらⒶを加え、蓋をして煮る。竹串がスッととおったら濃口しょうゆを加え、1分ほど煮て火を止め、そのまま冷ます。器に盛り、彩りにさやいんげんを添え、生姜をあしらう。

和風のお膳なら…

冬

寒い冬はやはりあたたかみの演出が大切です。メインのふろふき大根が厚切りなので、スープの根菜は小さく切ることで材料の重なりを感じさせません。重たいものが多くなる冬のお膳は、爽やかな副菜をプラスしています。

夏

生で食べることの多い夏野菜は、火を入れると体を冷やしすぎない優しい料理になります。合わせみそを使ったみそ汁は、夏には赤みその量を増やして味を引き締めます。器もガラスなど涼しそうなものを組み合わせると素敵ですね。

第2章

いも・きのこ

- じゃがいも
- 里芋
- さつまいも
- えのきだけ
- しいたけ

ポテトグラタン 熟

【 材 料 】2人分

- じゃがいも（メークイン）　2〜3個（300g）
- 玉ねぎの薄切り　1/2個（100g）
- 米油　大さじ1
- Ⓐ ・昆布だし、水　各100cc
　 ・しいたけだし　大さじ1
- Ⓑ ・白みそ　40g
　 ・無調整豆乳　100cc
- パセリのみじん切り、粗挽き黒こしょう　各適宜

1 じゃがいもは皮をむいて薄切りにする。

2 フライパンに米油を入れて中火にかけ、玉ねぎを入れて炒める。
玉ねぎがしんなりとしたら、1のじゃがいもを加えて炒める。Ⓐ
を加えて蓋をし、沸いたら火を少し弱めて煮る。

3 じゃがいもが柔らかくなったら、溶いておいたⒷを加えて味をな
じませるように3分ほどコトコトと煮て、シチューくらいの濃度
になるまで煮詰める。

4 3を耐熱容器に半量ずつ入れ、230度に温めたオーブンで10分
ほど焼く。こんがりと焼き色がついたら取り出し、お好みでパセ
リと粗挽き黒こしょうをふる。

ひとこと

白みその塩分によって味が変わ
るので、溶く時に味をみて豆乳
の量を加減してください。

【 材 料 】2～3人分

・じゃがいも(男爵)　2～3個(300g)
・サラダ油　適量
・塩　適量
・パセリ　適宜

1 じゃがいもはしっかり洗い、皮つきのままビニール袋に入れて電子レンジで6分ほど加熱する。竹串がスッととおったら、皮をむいてひと口大に切る。

2 フライパンに1を入れ、サラダ油をじゃがいもの半分の高さまで注ぎ中火にかける。油の温度が上がってきたら、箸で時々上下を返しながら、カリカリになるまで揚げ焼きにし、仕上げに塩をふる。器に盛り、あればパセリを添える。

ひとこと
じゃがいもは電子レンジにかけず、下茹でしても OK。冷たい油から温度を上げるとカリカリが上手にできます。

副菜

カリカリフライドポテト 熟

【材料】1〜2人分

・じゃがいも（メークイン）
　　　　1個（100g）
・太白ごま油　大さじ1/2
・赤じそのふりかけ（市販品）
　　　　小さじ1/4

副菜

ゆかり炒め

1 じゃがいもは皮をむいて細切りに
　し、水に10分ほどさらしてザル
　にあげ、水気をきっておく。

2 フライパンに太白ごま油を入れて
　中火にかけ、1を入れて炒める。
　透明になってきたら火を止め、器
　に盛り赤じそふりかけをかける。

【材料】2人分

・じゃがいも（男爵）
　　　　2〜3個（300g）
Ⓐ ├・昆布だし、水　各50cc
　 └・砂糖　大さじ1と1/2
・薄口しょうゆ　大さじ1/2

副菜

じゃがいものうす甘煮

1 じゃがいもは皮をむき（皮は少し
　とっておく）、2cm角に切る。

2 鍋に1とⒶを入れ、蓋をして中火
　にかける。ほっくりと煮えたら蓋
　を外し、薄口しょうゆを入れて煮
　汁がほぼなくなるまで混ぜながら
　煮詰める。器に盛り、お好みでじゃ
　がいもの皮チップス*を添える。

＊じゃがいもの皮チップスの作り方
じゃがいもの皮（20g）は10分ほどおいて乾かしてから片栗
粉（適量）をまぶし、160度に温めたサラダ油でカリッと揚
げる。仕上げに花椒塩（適量）をふる。

里芋の白みそ煮

【材料】2人分

・里芋(下処理したもの)　6個(250g)
・にんじん　60g
・生麩(写真は粟麩を使用)　4切れ(60g)

Ⓐ ┃・昆布だし、水　各100cc
・白みそ　50g
・黄柚子の皮　適宜

1　にんじんは皮をむいて細めの拍子切りにする。生麩は1cm幅に切る。

2　鍋に1のにんじんとⒶを入れて中火にかける。にんじんが煮えたら、白みそを泡立て器を使って少しずつ溶き入れる。里芋を加えてコトコトと5分ほど炊き、1の生麩を入れる。生麩があたたまったら完成。お椀によそい、あれば黄柚子の皮をあしらう。

里芋の下処理

里芋(6個・250g)は皮をむき＊(皮は少しとっておく)、水でサッと洗ってから昆布だしと水(各100cc)とともに鍋に入れて中火にかける。沸いたら塩ふたつまみを入れて蓋をして煮る。竹串がスッととおるまで煮えたら火を止め、そのまま冷ます。

ひとこと

白みそはコトコト煮るとまろやかになります。お汁の量が少ないので、小さなお鍋で作ってくださいね。

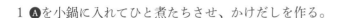

【材料】2人分

・里芋(下処理したもの)　6個(250g)
・片栗粉　適量
・サラダ油　適量

・大根おろし　適量
・茹でた枝豆、菊の花
　　　　各適宜

Ⓐ
・昆布だし、水　各100cc
・しいたけだし　大さじ1
・薄口しょうゆ、みりん　各小さじ2
・塩　ひとつまみ

主菜

里芋の揚げだし 熟

1　Ⓐを小鍋に入れてひと煮たちさせ、かけだしを作る。

2　里芋をキッチンペーパーにとってしっかりと水気をふき、片栗粉をまぶして170度のサラダ油でカラッと揚げる。器に盛り、1をかけ、お好みで揚げた里芋の皮を添え*、大根おろしをのせ、あれば彩りに枝豆と菊の花をちらす。

＊ 揚げた里芋の皮の作り方
むいた里芋の皮（適量）をとっておき、10分ほどおいて乾かしてから、片栗粉（適量）をまぶして、160度にあたためたサラダ油でカリッと揚げ、仕上げに塩（適量）をふる。

ひとこと
里芋は揚げて塩をかけるだけでも美味しいです。季節のあしらいで、いかようにもアレンジできます。

【 材 料 】2〜3人分

・さつまいも　1本(200g)
・きゅうり　1本(100g)
・塩　小さじ1/2
・クランベリー　適宜

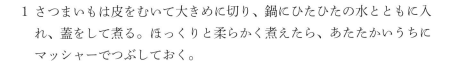

Ⓐ
・無調整豆乳　大さじ2
・レモン果汁　少々
・ピーナッツバター(無糖のもの)
　　大さじ1(20g)

副菜

スイートポテトサラダ

1 さつまいもは皮をむいて大きめに切り、鍋にひたひたの水とともに入れ、蓋をして煮る。ほっくりと柔らかく煮えたら、あたたかいうちにマッシャーでつぶしておく。

2 きゅうりはスライサーで薄切りにし、塩をする。3分ほど置いて水気をギュッと絞っておく。

3 粗熱がとれた1にⒶを入れてよく混ぜ、2のきゅうりと、お好みでクランベリーを盛り合わせる。

ひとこと　さつまいものサラダは精進のほうが美味しいと思っています。ピーナッツバターがなければ練りごまでも。

【 材 料 】2人分

・さつまいも　1/2本(100g)
・りんご　1/4個(50g)
・生姜　15g
・小麦粉　大さじ2

Ⓐ ・小麦粉、水　各大さじ3
・サラダ油　適量
・塩　少々
・レモンの皮のすりおろし　適宜

副菜

さつまいもとりんごと生姜のかき揚げ

1 さつまいもとりんごは皮つきのまま細切りに、生姜も細切りにする。

2 ボウルに1と小麦粉を入れて、全体にまぶしつけておく。

3 よく混ぜたⒶを2のボウルに入れて混ぜ、170度のサラダ油にひと口分ずつ入れて揚げる。仕上げに塩をふり、お好みでレモンの皮のすりおろしをかける。

ひとこと　りんごはちょっと古くなって、しんなりしたもののほうが美味しくできます。生姜のパンチがたまりません。

さつまいものポタージュ 熟

- さつまいも　1本(200g)
- 無調整豆乳　200cc
- 塩　ふたつまみ
- 粗挽き黒こしょう　少々

1 さつまいもは皮をむいて大きめに切り、鍋にひたひたの水とともに入れ、蓋をして煮る。ほっくりと柔らかく煮えたら、あたたかいうちにマッシャーでつぶしておく。

2 1に豆乳を加えてヘラでなじませ、ハンドブレンダーにかけて（なければザルでこして）なめらかにし、弱めの中火にかける。あたたまったら塩で味を調える。器に盛り、粗挽き黒こしょうをふる。

ひとこと

優しい味わいのスープです。濃度は豆乳の量でお好みに調節してください。夏場は冷やしても美味しいですよ。

【 材 料 】2人分　　　　副菜

えのきのてんぷら 熟

- えのきだけ
　　1袋(100g)
Ⓐ ・ 小麦粉
　　　大さじ3
　・ 水　大さじ5
- サラダ油　適量
- 塩　適量

1 えのきだけは石づきを落として
　4〜6等分に分けておく。

2 ざっくり混ぜたⒶに１のえのき
　だけをくぐらせ、170度のサラ
　ダ油に平たく落とし、カラッと
　揚げる。仕上げに塩をふる。

【 材 料 】2人分　　　　主菜

えのきの昆布蒸し 爽

- えのきだけ　1袋(100g)
- だし昆布(昆布だしを
　　とったあとのもので可)　1枚
- しいたけだし　大さじ1
- 柚子(ゆず)　1/2個
- ポン酢しょうゆ、大根おろし
　　各適量
- 細ねぎの小口切り、粉唐辛子
　　各適宜

1 えのきだけは石づきを落として食べやすくほ
　ぐす。

2 耐熱皿にだし昆布をのせ、その上に１のえのき
　だけをのせ、しいたけだしをかけてふんわりと
　ラップをし、電子レンジで約２分半加熱する。
　お好みで柚子を絞る。

3 取り皿にポン酢しょうゆと大根おろし、あれ
　ば細ねぎと粉唐辛子も入れたところにえのき
　だけをつけていただく。

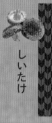

主食

焼きしいたけとししとうの丼

熟

【材料】2人分

・しいたけ(中)　6枚(200g)
・ししとう　4本
・塩　適量

Ⓐ
　・昆布だし　50cc
　・しいたけだし　小さじ1
　・濃口しょうゆ　小さじ2
　・みりん　小さじ2

・あたたかいごはん　2膳分
・粉唐辛子　適宜

1 しいたけはかさと軸とに切り分け、軸は縦半分に切る。ししとうはヘタを落とし、竹串で数か所刺しておく。

2 しいたけのかさの内側と軸、ししとうに塩をふり、そのまま焼き網にのせて中火で焼く(なければ魚焼きグリルでも可)。しいたけはかさの内側に水滴が出て、全体がしんなりとしたら焼きあがりの目安。ししとうは皮がふくれるまでこんがりと焼く。

3 耐熱容器にⒶを入れ、電子レンジで1分加熱する。

4 器にごはんをよそい、2のしいたけとししとうをのせて3をかけ、お好みで粉唐辛子をふる。

ひとこと
しいたけはできれば原木栽培のものがおすすめ。菌床栽培でもぶ厚めのものだと食べ応えがあって美味しくできます。

【 材 料 】2人分

・しいたけ(中)　4枚(130g)

・玉ねぎ　1/4個(50g)

・さやいんげん　6本(30g)

・オリーブオイル　大さじ1〜2

・濃口しょうゆ　小さじ2

・粗挽き黒こしょう　少々

・すだち　1/2個

副菜

しいたけといんげんの
オイル焼き

1　しいたけは軸を切り落とし、半分に切る。玉ねぎは 1cm 幅の
　　くし切りにし、ばらばらにならないよう爪楊枝(つまようじ)を刺しておく。
　　さやいんげんはガクを切り落としておく。

2　フライパンに 1 をすべて入れ、オリーブオイルを回し入れたら
　　中火にかけて蓋をして焼く。途中上下を返し、野菜に火がとおっ
　　てこんがりと焼けたら蓋を外し、濃口しょうゆで味を調える。
　　器に盛り、粗挽き黒こしょうをふり、すだちを添える。

爽

【材料】2人分

・しいたけ　150g(写真は大1枚、小4枚)
・ズッキーニ　60g
Ⓐ ・小麦粉　大さじ3
　　・水　大さじ3
・パン粉　適量
・サラダ油　適量
・お好みソース(市販品)、溶き辛子(粉辛子を水少々で溶いたもの)
　　各適量

1 しいたけは軸を切り落とす。ズッキーニは拍子切りにする。

2 揚げ鍋にサラダ油を入れて170度に熱し、ズッキーニを入れてサッと素揚げし、塩少々（分量外）をふっておく。

3 しいたけをよく溶いたⒶにくぐらせ、パン粉をつけて170度のサラダ油でカラッと揚げる。器に2のズッキーニと盛りあわせ、お好みソースに溶き辛子を添える。

主菜

しいたけのフライ

熟

洋風のお膳なら…

丼仕立て

ちょっとしたお昼にこんな精進のお膳もいいですね。丼以外は作りおきできるので、しいたけとししとうを焼いてごはんにのせれば完成です。お膳が地味になりすぎないように、「彩り」の良いものを合わせましょう。

唐揚げ御膳

普段のお食事と変わらない洋風のお膳です。カレー粉やドライフルーツも立派な精進の食材。華やかさを出すのにとても役に立ちます。大人から子どもまで、みんな大満足の組み合わせです。

第3章

豆類・こんにゃく

- ・豆腐
- ・油揚げ
- ・豆
- ・こんにゃく

大豆ミートの唐揚げ 熟

＊自家製大豆ミート(4個分)の作り方

1 木綿豆腐1丁（350g）を4等分に切る。少し隙間をもたせながら食品保存袋に入れて袋の口を閉じたら、バットにのせて冷凍庫で凍らせる。

2 料理に必要な分量を自然解凍もしくは袋のまま電子レンジで1個につき30秒かけ、冷めたら両手でギュッと押さえて水気を絞って使う。

ひとこと 木綿豆腐を凍らせるだけであっさりした大豆ミートが完成。冷凍庫で約1か月保存できます。

【 材 料 】2人分

・大豆ミート　3個

A
・酒、薄口しょうゆ　各大さじ1
・ごま油　小さじ1
・おろし生姜　小さじ1/2

・片栗粉　大さじ2

・サラダ油　適量

・お好みの添え野菜(写真はサラダ菜、ミニトマト、紫玉ねぎの薄切り)
　各適量

1　大豆ミートはひと口大に手でちぎり、食品保存袋に🅐とともに入
　　れる。袋の上から軽く揉んで馴染ませ、10分以上おいて下味を
　　つける。

2　揚げ鍋にサラダ油を入れて170度に熱し、1の大豆ミートに片栗
　　粉をまぶしてカラッと揚げる。お好みの添え野菜とともに器に盛
　　りつける。

豆腐

主菜

豆腐と揚げの薄葛煮 熟

【材料】2人分

・絹ごし豆腐　1/2丁(200g)
・油揚げ　40g
Ⓐ ・昆布だし、水　各100cc
　 ・しいたけだし　大さじ1
Ⓑ ・薄口しょうゆ　大さじ1/2
　 ・塩　ひとつまみ
水溶き片栗粉
｜・片栗粉　小さじ2
｜・水　大さじ1
・おろし生姜、刻みねぎ　各適量

1 油揚げを細切りにする。

2 鍋にⒶを入れて中火にかけ、沸いたらアクをとり、豆腐をスプーンで大きめにすくい入れる。豆腐があたたまったら油揚げを入れ、Ⓑを加えて3分ほど煮たら、水溶き片栗粉でとろみをつける。器にそっと盛り、生姜とねぎをのせる。

主菜

辛子豆腐 爽

【材料】2人分

・木綿豆腐　1/2丁(180g)
Ⓐ ・濃口しょうゆ　大さじ1/2
　 ・みりん　大さじ1
・焼き海苔　1枚
・溶き辛子(粉辛子を水少々で溶いたもの)、濃口しょうゆ　各適量
・青じその千切り　適宜

1 フライパンにⒶを入れて中火にかけ、沸いたら手でちぎった焼き海苔を加えてサッと炒りつけ、海苔が汁気を吸ったら火を止める。

2 木綿豆腐は半分に切り、器に盛る。豆腐の上に1の海苔をのせ、溶き辛子とお好みで青じそをのせ、濃口しょうゆをたらす。

【材料】2人分

・絹ごし豆腐　1丁（400g）

A
　・昆布だし、水　各100cc
　・しいたけだし　大さじ1

B
　・薄口しょうゆ　大さじ1/2
　・塩　ひとつまみ

・とろろ昆布、梅干し　各適量

1　豆腐を半分に切る。

2　鍋に**A**を入れて沸かし、沸いたらアクをとり、1の豆腐と**B**を入れる。豆腐があたたまったら火を止め、器にだしごと盛りつける。豆腐の上にほぐしたとろろ昆布、梅干しをあしらう。

主菜

湯豆腐

ひとこと　汁ごとたっぷりと盛り付けて、とろろ昆布と梅干しをからめながらいただきます。絹ごしがおすすめです。

きんぴらとお餅の袋煮 熟

【材料】2人分

・ごぼう　1/2本(40g)
・にんじん　20g
A・みりん、薄口しょうゆ
　　各小さじ1
・油揚げ(小)　1枚(150g)
・餅　2個(60g)

・昆布だし、水　各100cc
B・みりん　大さじ2
・しいたけだし、薄口しょうゆ
　　各大さじ1
・青ねぎの小口切り、粉唐辛子、
　溶き辛子(粉辛子を水少々で溶いたもの)
　　各適量

1　ごぼうとにんじんはそれぞれ細切りにし、ごま油小さじ1（分量外）を熱したフライパンに入れて炒める。油が全体に馴染んできたら、しいたけだし大さじ1(分量外)を加えてさらに炒める。しんなり炒まったら**A**を入れて汁気がほぼなくなるまで炒める。

2　油揚げは半分に切って、麺棒で軽くしごいて袋状にそっと開き、1のきんぴらと餅を入れ、爪楊枝で縫うようにとめる。

3　鍋に**B**を入れて2を並べ入れ、中火にかける。沸いたらアクをとり、落とし蓋と蓋をして火を弱め、コトコトと5分ほど煮たら火を止め、余熱で餅の中までふっくらと火をとおす。器に盛り、青ねぎ、粉唐辛子をのせ、溶き辛子を添える。

ひとこと　とろりとしたお餅がご馳走なので、お餅がすっかり柔らかくなっているか、爪楊枝を刺して確認してください。

主菜
お揚げさんの焼いたん

【材料】2人分

・油揚げ　1枚(200g)
・お好みの薬味(写真はみょうが・
　細ねぎの小口切り、
　生姜のみじん切り)　各適量
・濃口しょうゆ　適量

1　油揚げは金串に刺し、直火で
　こんがりと焼く。フライパン
　で油をひかずに両面をカリッ
　と焼いてもよい。

2　油揚げをキッチンペーパーに
　とり、油をきる。食べやすく
　切って器に盛り、お好みの薬
　味をのせ、濃口しょうゆをた
　らす。

汁物
お揚げさんと納豆のみそ汁

【材料】2人分

・油揚げ　40g
・納豆　1パック
Ⓐ｜・昆布だし、水　各150cc
・みそ　30g
・青ねぎの小口切り　適量

1　油揚げは1cm角に切る。
　納豆は粗く刻んでおく。

2　鍋にⒶを入れて沸かし、
　油揚げを入れる。再び沸
　いたらみそをこしながら
　溶き入れ、納豆を入れて
　すぐに火を止める。お椀
　によそい、青ねぎをあし
　らう。

【 材 料 】作りやすい分量

・蒸し大豆(市販品)　100g
　(水煮の場合は水気をしっかりふきとっておく)
・片栗粉　大さじ1
・サラダ油　大さじ2

A ・薄口しょうゆ、砂糖
　　各大さじ1
・米酢　大さじ1/2
・青じそ　適宜

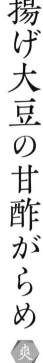

副菜

豆

揚げ大豆の甘酢がらめ

1 Aをボウルに入れてあわせておく。

2 フライパンにサラダ油を入れて強めの中火にかけ、片栗粉をまぶした
　蒸し大豆を入れる。ヘラで時々混ぜながら2〜3分炒めたら火を少し
　弱め、大豆に焼き色がついてカリッとするまでじっくりと炒める(合
　計約6分)。

3 大豆があたたかいうちに1のボウルに入れて味をからめ、ザルにあげ
　て汁気をきり、あれば青じそをしいた器に盛りつける。

ひとこと
揚げてあるので大豆のクセがほとんどなく、
とても食べやすいです。お子様にもぜひ。

【材料】15枚分

Ⓐ
- ・つぶあん　80g
- ・米油　大さじ2
- ・砂糖　15g

Ⓑ
- ・小麦粉　50g
- ・ベーキングパウダー　小さじ1/2

1　Ⓐをボウルに入れてゴムベラで混ぜ、Ⓑをふるって加え、さらに
　　混ぜる。

2　粉気がなくなったら手で直径3cmくらいの大きさに丸め、少し
　　上下を押してぶ厚めのクッキーの大きさにして、オーブンシート
　　をしいた天板に並べる。

3　180度に予熱したオーブンで15分焼く。

ひとこと　バターも卵も使わずにクッキーができます。油
はサラダ油でも。小麦粉を米粉に変えればアレ
ルギーの方にも召し上がっていただけますよ。

デザート

あずきクッキー　彩

ミックスビーンズのトマト煮

【 材 料 】作りやすい分量

- ミックスビーンズ（水煮缶）　1缶（250g）
- 玉ねぎ　1/2個（100g）
- にんじん　60g
- セロリ　20g
- オリーブオイル　大さじ1

Ⓐ｜・昆布だし、水　各50cc
- トマトペースト（市販品）
　　大さじ1
- 濃口しょうゆ　大さじ1
- セロリの葉　適宜

1　ミックスビーンズはザルにあげ、サッと水で洗い水気をきっておく。

2　玉ねぎ、にんじん、セロリは1cm角に切る。

3　鍋にオリーブオイルを入れて中火にかけ、2を入れてしんなりするまで炒める。そこに1、Ⓐ、トマトペーストを加えて混ぜ、沸いたら濃口しょうゆで味を調え、フツフツするくらいの弱火で15分ほど煮る。器に盛り、彩りにセロリの葉を飾る。

ひとこと　お手軽な缶詰を使いましたが、自分で茹でた豆で作るとなお美味しいですよ。

【材料】1～2人分

・糸こんにゃく(白)　1袋(200g)

Ⓐ
・昆布だし　100cc
・煮きりみりん　大さじ2
　(耐熱容器にみりん大さじ2を入れて電子レンジで30秒加熱したもの)
・薄口しょうゆ　40cc

・お好みの薬味(写真はみょうがの薄切り、おろし生姜、青ねぎの小口切り)
　各適量

・すだち　1個

1　糸こんにゃくは食べやすく切って砂糖大さじ1(分量外)とともにボ
　ウルに入れて揉む。2分ほどおいたら砂糖を洗い流し、水気をきって
　おく。

2　Ⓐをあわせて、冷蔵庫で冷やしておく。

3　器に青じそ(分量外)をしいて1の糸こんにゃくを盛り、お好みの薬
　味、半分に切って種をとったすだち、氷を添え、2につけていただく。

ひとこと こんにゃくは下茹でせずとも砂糖で揉むとこんにゃく臭
がきれいに取れます。ダイエット食にもおすすめです!

主食

しらたきそうめん

69

こんにゃくの唐揚げ

【材料】1〜2人分

・こんにゃく　1/2枚(100g)
・ししとう　1〜2本
Ⓐ ・片栗粉　大さじ1
　・カレー粉　小さじ1
・サラダ油　適量

1　こんにゃくは5mm幅の薄切りにして砂糖大さじ1/2(分量外)とともにボウルに入れて揉む。2分ほどおいたら砂糖を洗い流して水気をきり、キッチンペーパーにとってしっかりと水気をふいておく。ししとうはヘタを落とし、竹串で数か所刺しておく。

2　揚げ鍋にサラダ油を入れて170度に熱し、1のししとうをサッと素揚げし、塩（分量外）をふっておく。

3　1のこんにゃくにⒶをまぶし、2の揚げ鍋に重ならないように入れてカラッと揚げ、塩（分量外）をふる。器にししとうと盛りあわせる。

赤こんにゃくのお刺身風

【材料】2人分

・赤こんにゃく　1/2枚(150g)
Ⓐ ・昆布だし、水　各200cc
　・しいたけだし　大さじ2
　・酒　大さじ1
　・塩　小さじ1/2
・青ねぎの小口切り　適量
・ごま油、塩　各適量

1　赤こんにゃくは水でサッと洗い、小鍋にⒶとともに入れて中火にかける。沸いたらアクをとり、蓋をして火を少し弱め、5分ほどコトコトと炊いたら火を止め、そのまま冷まして味をふくませる。

2　赤こんにゃくを食べやすくスライスして器に盛り、ごま油と塩、青ねぎとともにいただく。

【材料】1〜2人分

・こんにゃく　1/2枚(100g)

Ⓐ
・昆布だし、水　各50cc
・しいたけだし　大さじ1
・みりん、薄口しょうゆ　各大さじ1/2

・梅干し　1個
・白ごま　適宜

こんにゃくの梅煮 爽

1 こんにゃくは7mm幅の斜め薄切りにして砂糖大さじ1/2(分量外)とともにボウルに入れて揉む。2分ほどおいたら砂糖を洗い流し、水気をきっておく。

2 鍋にⒶと1のこんにゃくを入れて中火にかけ、沸いたらアクをとって梅干しを入れ、火を少し弱めて煮汁がほぼなくなるまで煮詰める。器に盛り、お好みで白ごまをふる。

ひとこと　こんにゃくは時間をかけてゆっくり煮ると一層美味しくなります。

第4章

乾物・海藻

- ・切干大根
- ・こうや豆腐
- ・麩
- ・海藻

切干大根ナポリタン 彩

切干大根

【材料】2人分

・切干大根（乾燥）　30g
・玉ねぎ　80g
・ピーマン　1個
・オリーブオイル　大さじ1
・ケチャップ（市販品）　大さじ4
・塩　小さじ1/2
・粗挽き黒こしょう　少々

1 ピーマンは薄い輪切りに、玉ねぎは薄切りにする。

2 フライパンにオリーブオイルを入れて中火にかけ、玉ねぎを入れて炒める。しんなりとしてきたらケチャップを加えて玉ねぎにからめながら炒める。下処理した切干大根*とピーマンを加えて炒めあわせ、塩で味を調える。器に盛り、粗挽き黒こしょうをふる。

ひとこと

ケチャップをしっかり炒めると酸味が消えて香ばしく美味しく仕上がります。

＊切干大根の下処理
切干大根はたっぷりの水に1〜2分ほどつけて戻し、戻し汁を使う場合は取りおく。水を替えてサッと洗い、水気を軽く絞る。

【材料】2人分

副菜

切干大根の甘酢和え

・切干大根（乾燥）　15g

Ⓐ
・昆布だし、薄口しょうゆ、
　酢、砂糖　各小さじ1
・ごま油　少々

Ⓑ
・きゅうりの細切り　30g
・赤ラディッシュの新芽
　　　10g

1　ボウルにⒶを入れてあわせたところにⒷを加えてからめる。

2　下処理した切干大根*をほぐしながら1に入れて、よく混ぜる。

【材料】2人分

主食

切干大根の炊き込みごはん

・切干大根（乾燥）　15g
・切干大根の戻し汁　180cc
・油揚げ　30g
・米　1合

Ⓐ
・しいたけだし　大さじ1
・酒、薄口しょうゆ
　　　各大さじ1/2
・米油　小さじ1
・塩　ひとつまみ

・紅生姜の薄切り　適宜

1　油揚げは細切りにする。

2　炊飯器に洗った米、切干大根の戻し汁、Ⓐを順に入れて水加減をしたらひとまぜし、下処理した切干大根*と油揚げをのせて普通に炊く。茶碗にごはんをよそい、あれば紅生姜をあしらう。

副菜

切干大根チヂミ 爽

【 材 料 】2人分

・切干大根（乾燥）　15g

Ⓐ
・切干大根の戻し汁　60cc
・小麦粉　30g

Ⓑ
・とうもろこしの実　30g
（1本につき電子レンジで約3分加熱し、包丁で実を切り落としたもの）
・玉ねぎの薄切り、さつまいもの細切り　各30g

・塩　ひとつまみ

・ごま油　大さじ2

・ポン酢、ごま油、細ねぎの小口切り、粉唐辛子　各適量

1　ボウルにⒶを入れてよく溶き、下処理した切干大根[*]、Ⓑを入れてよくからめ、塩を加えて混ぜる。

2　フライパンにごま油（大さじ1）を入れて中火にかけ、1を丸く広げて蓋をして焼く。途中上下を返し、残りのごま油を足して焼く。カリッと焼けたら、揚げ網に取り出す。食べやすく切って器に盛り、ごま油をたらして細ねぎ、粉唐辛子を入れたポン酢につけていただく。

＊切干大根の下処理は P74 参照

こうや豆腐

主菜

こうや豆腐のカツ 熟

【材料】2人分

・こうや豆腐　2枚

Ⓐ|・塩、粗挽きこしょう　各適量

Ⓑ|・小麦粉、水　各大さじ2

・パン粉　適量　　・サラダ油　適量

Ⓒ|・お好みソース、ケチャップ（ともに市販品）　各大さじ1

・お好みの添え野菜（写真はフリルレタス、ラディッシュの薄切り）　各適量

1 下処理したこうや豆腐*にⒶをふって下味をつ
　け、よく溶いたⒷ、パン粉の順につける。

2 170度にあたためたサラダ油で1のこうや豆腐
　をカラッと揚げる。お好みの添え野菜とともに
　器に盛りあわせ、あわせておいたⒸをかける。

ひとこと｜こうや豆腐はしっかり洗う
と豆臭さがとれて、お肉の
ようにいただけます。

＊こうや豆腐の下処理
こうや豆腐（1枚20g）はたっぷりの水に浮かすようにつけ、芯まで戻ったらスポンジを洗う要領で
優しく握って洗う。3回ほど水を替えて洗ったら水気をしっかり絞る。

照り焼きこうや

主菜

【材料】2人分

- こうや豆腐　2枚
- 青じそ　10枚
- ごま油　大さじ1

Ⓐ
- みりん　大さじ3
- 薄口しょうゆ　大さじ1と1/2

1　下処理したこうや豆腐*は5等分に細長く切り、青じそを巻く。青じその巻き終わりに水溶き小麦粉（分量外）をごく少量つけるととめやすい。

2　フライパンにごま油を入れて中火にかけ、青じその巻き終わりを下にして並べ入れる。上下を焼き、Ⓐを入れて煮汁をからめながら煮詰める。煮汁がトロッとしたら火を止めて器に盛る。

こうやの揚げ煮

主菜

こうや豆腐

【材料】2人分

- こうや豆腐　2枚
- サラダ油　適量

Ⓐ
- 昆布だし　100cc
- 水　50cc
- 砂糖、みりん　各大さじ1/2
- 薄口しょうゆ　小さじ2
- えんどう豆（正味）　40g

1　フライパンに2cmの高さにサラダ油を入れ170度にあたためる。下処理したこうや豆腐*を4等分にしてフライパンで30秒ほど揚げて揚げ網に取り出し、キッチンペーパーで油をきっておく。

2　鍋にⒶを入れて沸かし、1を並べ入れ、えんどう豆を加え、蓋を半分かけて火を少し弱めて煮る。10分ほど煮たら、火を止めてそのまま冷ます。

＊こうや豆腐の下処理はP77参照　78

【材料】2〜4人分

・こうや豆腐　1枚

A
・昆布だし　50cc
・ごま油　大さじ1
・濃口しょうゆ　小さじ1
・豆板醬　小さじ1/4
トウバンジャン

・すりごま　小さじ2

・細ねぎの小口切り　適宜

1 下処理したこうや豆腐*を細切りにする。

2 フライパンに A を入れて沸かし、1のこうや豆腐を入れる。汁気がほぼなくなるまで炒りつけ、最後にすりごまを混ぜる。器に盛り、あれば細ねぎをちらす。

ひとこと あっという間にできる副菜。おつまみにもいいですね。

副菜

ピリ辛こうや 彩

麩

【材料】4人分

・車麩（乾燥）　4枚（40g）
・玉ねぎ（大）　1個（300g）

Ⓐ
・昆布だし、水　各200cc
・しいたけだし　大さじ2
・生姜の細切り　5g

Ⓑ
・米油　大さじ1
・塩　小さじ1/3

・せり　適宜

汁物

車麩と玉ねぎのスープ　熟

1　車麩は水で戻して水気を絞る。

2　玉ねぎは皮をむいて8等分のくし切りにし、Ⓐとともに鍋に入れ中火にかける。沸いたらアクをとり、蓋を斜めにかけて10〜15分ほど煮る。

3　玉ねぎが柔らかく煮えたら蓋を外してⒷを加え、車麩を入れて3分ほどコトコトと煮る。器に盛り、彩りにせりをあしらう。

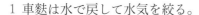

ひとこと　玉ねぎの甘みが奥行きを感じさせる美味しいスープ。車麩は戻さなくても使えますが、戻したほうが口当たりが柔らかくなります。

麸の酢みそ和え ㊛

【 材 料 】2人分

・お好みの麸(乾燥)　10g
・きゅうり　1/2本(50g)
・塩　ひとつまみ

Ⓐ
・白みそ　大さじ2
・すりごま　大さじ1/2
・砂糖、米酢　各小さじ1
・溶き辛子(粉辛子を水少々で溶いたもの)
　　少々

1 麸は水で戻してしっかりと水気を絞る。

2 きゅうりは縦半分に切って斜め薄切りにし、塩で揉んで3分おいて水気を絞る。

3 ボウルにⒶをあわせ、1の麸をもう一度絞ったもの、2を入れてよく混ぜて器に盛る。

ひとこと

コツは麸をしっかり絞ること。和えてすぐより30分ほどおいたほうが味が馴染んで美味しいです。

81

【材料】2人分

- あおさ（乾燥）　5g
- 紫玉ねぎの薄切り　50g
- Ⓐ ・小麦粉　30g
　　・水　30cc
- サラダ油　適量
- 塩　適量

副菜

海藻

あおさのてんぷら 彩

1　あおさは水に20秒ほどつけて戻し、ザルにあげて水気をきり、キッチンペーパーにとってしっかりと水気をきっておく。

2　よく溶いたⒶにあおさと紫玉ねぎを入れて混ぜ、160度にあたためたサラダ油に平たく落とし入れ、カリッと揚げる。仕上げに塩をふる。

ひとこと　香りの良いあおさはすぐに使えて便利です。もずくで作ってもまた違った美味しさがありますよ。

【材料】2人分 　副菜

めかぶの梅とろろ

・めかぶ
　（味つけしていないもの）
　　40g
・練り梅(市販品)　適量
A ｜・昆布だし　大さじ2
　｜・みりん、
　｜　薄口しょうゆ
　｜　各小さじ1

1　Aを耐熱容器に入れ、電子レンジで1
　分加熱して冷ましておく。

2　器にめかぶを盛り、1をかけて、練り
　梅をのせる。

【材料】2人分 　汁物

もずくのみそ汁

・もずく　100g
A ｜・昆布だし、水
　｜　各150cc
・みそ　30g
・細ねぎの小口切り
　適量

1　もずくはザルに入れてサッと洗い、水
　気をきっておく。

2　鍋にAを入れて沸かし、みそをこしな
　がら溶き入れる。もずくを入れ、再び
　沸いたら火を止める。お椀によそい、
　細ねぎをちらす。

お斎（とき）のこころ

時代とともにかたちを変えても
"こころ"は変わらない

「お斎」とは、仏事の際にいただく食事のことをいいます。殺生を戒める仏教の教えに従い、肉や魚を一切使わない精進料理で、一汁三菜が基本です。

真宗大谷派の本山である真宗本廟（東本願寺）では、親鸞聖人の遺徳を偲ぶ仏事「報恩講」の際に、全国から参詣したご門徒にお斎が振舞われています。けんちん汁に焚物（煮物）・合物（和え物）・ふろふき大根の三菜と、ごはんと香物がついています。また、全国各地から、ご門徒それぞれが持ち寄った「れんこん」や「しいたけ」などを用いて、一汁三菜のお斎を作ります。

食事というのは「いのち」をいただき、「いのち」をつながせていただいているという、いたみ、悲しみ、有難（ありがた）さを知る大切な場です。動物や魚だけでなく、野菜などの植物もいのちあるもの。そのいのちをいただいていることを忘れずに、食事の前には「いただきます」と手を合わせ、終わりには「ごちそうさま」と感謝をする。いのちを見つめ直す機会の一つが食事であり、お斎の場でもあるといえます。

しかし、新型コロナウイルスの蔓延（まんえん）で、全国的に人が集まっての仏事、法要が控えられています。それに伴い、従来のようなお斎の場も失われつつあります。ですが一堂に会さなければ「お斎」ではないのでしょうか…。

決してそんなことはありません。実はその昔、お斎で出された料理を参拝で

東本願寺の報恩講で振舞われるお斎。京都の精進料理の老舗「泉仙（いづせん）」が手掛けている。

「折詰お斎」では、汁の出る和え物は、カップに入れると扱いやすいです。折詰のコツは少し斜めに盛り付けること、葉蘭や笹の葉、裏白など季節の葉っぱを下にしくこと。それだけでぐっと素敵になります。(大原千鶴さんより)

きなかったご門徒のために本山から各地方へ持ち帰り、皆でいただき、仏法に出遇えたことに感謝し喜び合ったといいます。ならば、かつてのスタイルも参考にしながら、新しい生活様式に合ったお斎のかたちを模索すればいいのではないでしょうか。

たとえば、これまでのような「お膳」ではなく、「折詰」にしてお渡しする。開けたときの驚きや、喜ぶ顔を想像しながら作り、こころを込めて盛り付ける。これも新しいお斎のかたちの一つだと思います。お斎に込める思い、つなぐこころに変わりはありません。

食卓でもお斎レシピを

本書には、各地の真宗寺院でも作っていただけるような精進料理のレシピを掲載しています。肉や魚、卵や乳製品は使用せず、少ない食材でシンプルな調理法でできるものばかりです。和食だけでなく、洋食、中華など現代風にアレンジしたお斎レシピもありますが、どれも立派な精進料理。仏事のお斎として使っていただけます。また、食材ごとにレシピを複数紹介していますので、いのちを余すことなく、大切にいただけるようになっています。

気になる品がありましたら、お斎の席以外

でも、日々の食卓のひと皿にぜひ加えてください。野菜やきのこ、乾物など、いつでも簡単に手に入る食材が、驚くほど美味しく仕上がります。

今回、大原千鶴さんと「折詰お斎」をご提案していますが、お膳スタイルのお斎は、親鸞聖人のご命日や、亡くなった方のご命日にぜひご家族でいただいてください。お斎をとおして、各々が「いのち」とは何かを考え、仏さまの教えについて語りあう時と場が作られ、時代とともに、かたちを変えながらも、〝お斎のこころ〟を未来へとつないでいただければと願っています。

（東本願寺出版）

真宗大谷派 東本願寺

〒600-8505
京都市下京区烏丸通七条上る
TEL 075-371-9181（代表）
開門時間
〈3〜10月〉5：50〜17：30
〈11〜2月〉6：20〜16：30

※報恩講の時以外でも東本願寺にてお斎をいただくことができます。詳しくは本廟部参拝接待所
電話：075-371-9210
までお問い合わせください。

さくいん

● ……熟　◍ ……爽　❀ ……彩

大原千鶴 おおはらちづる

料理研究家。京都・花背の料理旅館「美山荘」の次女として生まれる。幼少のころから里山の自然に親しみ、和食の心得や美意識を育む。現在は京都市内に住まい、雑誌やテレビ、料理教室、講演会、商品開発アドバイザー、CMやドラマの料理監修など多方面で活躍。二男一女の母として培った、家庭的かつ美しい料理に定評がある。NHK Eテレ「きょうの料理」、BS4K「あてなよる」に出演中。『お斎レシピ みんなでおいしい精進料理』（東本願寺出版）、『大原千鶴のすぐごはん 冷蔵庫にあるもので』（高橋書店）ほか著書多数。

staff
＊ブックデザイン　　梅林なつみ（株式会社ワード）
＊撮影　　　　　　　内藤貞保
＊料理アシスタント　酒井智美
＊編集協力　　　　　合力佐知子・有川日可里（株式会社ワード）

京都 東本願寺
大原千鶴のお斎レシピ
おおはらちづる　　どき

素材をたのしむ精進料理
そ ざい　　　　　　　　　しょうじんりょうり

2020（令和2）年11月28日　　第1版第1刷発行

著　　　者　　大原千鶴
発 行 者　　但馬　弘
編集発行　　東本願寺出版（真宗大谷派宗務所出版部）
　　　　　　〒600-8505　京都市下京区烏丸通七条上る
　　　　　　TEL　075-371-9189（販売）
　　　　　　　　　075-371-5099（編集）
　　　　　　FAX　075-371-9211
印刷・製本　　株式会社アイワット

●詳しい書籍情報・試し読みは　 　●真宗大谷派（東本願寺）ホームページ